BELLES HISTOIRES BELLES VIES N° 9
Collection fondée par le père Jean PIHAN

CATHERINE
et la médaille miraculeuse

TEXTE :
AGNÈS RICHOMME

ILLUSTRATIONS :
ROBERT RIGOT

COULEURS :
CHAGNAUD - BRUNET - YOT

EDITIONS FLEURUS

15-27, rue Moussorgski, 75018 Paris

Nihil obstat : Paris, le 13 août 1951, Gaston COURTOIS.
Imprimatur : Paris, le 25 octobre 1951, Pierre Brot, V.G.
Déposé au Ministère de la Justice à la date de mise en vente
Loi n° 49-956 du 16/7/1949 sur les publications destinées à la jeunesse.

ISBN : 2-215-04116-1
Dépôt légal : 3ème trimestre 1994

AVANT-PROPOS

UNE petite médaille ovale qui porte d'un côté la sainte Vierge étendant les bras, de l'autre un dessin représentant un M surmonté d'une croix, deux cœurs au-dessous et des étoiles tout autour...

Tu la connais sans doute ?

Il n'est guère d'enfant qui n'ait reçu, un jour ou l'autre, cette petite médaille, souvent attachée à un cordon bleu ou rose.

On t'a dit : « C'est la médaille miraculeuse. Il faut la garder à ton cou toujours. Elle te protègera. »

Peut-être, à ce moment-là, n'as-tu pas très bien compris ce que cela voulait dire ?

Eh bien, en lisant la belle vie de sainte Catherine Labouré, tu vas maintenant comprendre tout à fait ce que signifie cette médaille et pourquoi elle est différente d'une autre.

Et tu verras encore une fois – car beaucoup de vies (en commençant par celle de Notre Dame) nous donnent cette leçon – que pour être une sainte canonisée par l'Église, il n'est pas nécessaire du tout d'avoir fait dans sa vie des choses fantastiques, extraordinaires.

Sainte Catherine a été d'abord une petite fille toute simple, qui vivait dans la ferme de ses parents sans que personne ne puisse se douter de ce qu'allait être sa destinée.

Quand elle voulut, plus tard, devenir Fille de la Charité pour consacrer sa vie, comme Monsieur Vincent, à soulager les misères humaines, on ne la remarqua pas davantage parmi les autres jeunes filles qui se préparaient à la même tâche.

Et pourtant le Seigneur l'avait remarquée. La sainte Vierge aussi, puisqu'elle en fit sa confidente, celle à qui elle confia de lourds secrets, celle qu'elle chargea de cette mission tellement inattendue pour la pauvre fille si humble : faire faire une médaille et la répandre dans le monde.

Je te le disais en commençant : cette médaille que tu portes sans doute, ou que tu vas désirer porter quand tu auras lu cette belle histoire vraie, on l'appelle « la médaille miraculeuse », tant elle a été l'occasion de vraies merveilles. Elle est connue dans le monde entier. On a en elle une confiance extraordinaire, et l'on a bien raison puisque la sainte Vierge se sert de ce moyen pour nous obtenir toutes sortes de grâces.

Mais beaucoup de personnes connaissent la médaille et la portent, sans savoir au juste pourquoi elle est de ce modèle-là et non d'un autre. C'est dommage, n'est-ce pas, d'ignorer des détails voulus par la sainte Vierge elle-même !

C'est pourquoi j'ai voulu te raconter la vie de sainte Catherine Labouré, qui est en même temps l'histoire de la médaille miraculeuse.

Et tu trouveras peut-être que la première grâce à demander par l'intermédiaire de cette sainte, c'est d'être toute ta vie comme elle, humble, fidèle à accomplir avec beaucoup d'amour toutes les menues tâches de la vie quotidienne, te préparant ainsi à bien remplir la mission que le Bon Dieu confie à chacun d'entre nous.

Agnès RICHOMME

1

«Les yeux de ma petite sœur sont si bleus, disait joyeusement ce matin-là une grande fille de onze ans, qu'on dirait un morceau de ciel!»

Cette grande fille s'appelait Marie-Louise Labouré. Elle avait déjà six petits frères. Aussi était-elle bien contente qu'enfin, une petite sœur soit née. Ce jour de joie était celui du 2 mai 1806.

Dès le lendemain, 3 mai, la cloche de Fain-les-Moutiers, un beau village bourguignon accroché à flanc de coteau, carillonnait pour le baptême.

2

La petite fille aux yeux si bleus fut nommée Catherine. On lui donnait ainsi comme patronne une grande sainte bien connue, sans se douter qu'un jour elle-même serait déclarée sainte à son tour et que des petits enfants recevraient son nom à leur baptême : sainte Catherine Labouré.

Elle a de bons parents, la petite Catherine.

Son père est cultivateur et possède un beau domaine où il travaille avec amour pour faire vivre sa grande famille.

3

Sa maman, qui était institutrice avant son mariage, a reçu une éducation soignée. Mais elle a surtout un cœur plein de bonté, et ses enfants l'aiment beaucoup.

Elle aussi, elle est très heureuse d'avoir une deuxième petite fille, après tant de garçons. Elle en aura encore une autre deux ans après, Marie-Antoinette qu'on appellera Tonine, et un dernier petit garçon, Auguste, qui naquit très délicat et resta malade toute sa vie.

4

Une si nombreuse famille et tous les travaux d'une grande ferme fatiguèrent tant Madame Labouré que bientôt sa santé s'altéra. Elle se donnait tellement de mal pour bien élever ses enfants ! Elle leur communiqua sa foi profonde et son grand amour de Dieu. Elle fit de ses filles d'excellentes ménagères, habituées à maintenir l'ordre et la propreté qui font les maisons heureuses et agréables. Et tout en les formant ainsi, elle leur ouvrait le cœur et l'esprit par de belles histoires.

5 

Il n'y avait pas d'école pour les filles à Fain-les-Moutiers. Il fallait aller jusqu'à Moutiers-Saint-Jean, dans la plaine, et c'était trop loin pour les petites jambes. D'ailleurs, à cette époque, on se préoccupait moins d'instruire les enfants.

La maman de Catherine essayait bien de lui apprendre elle-même ses lettres, mais il y avait tant d'ouvrage à la maison qu'elle ne pouvait jamais y consacrer le temps nécessaire. Et à mesure que les mois et les années passaient, Madame Labouré devenait de plus en plus souffrante.

6 

Catherine n'avait encore que neuf ans lorsque cette chère maman mourut. On imagine quel coup terrible ce fut pour toute la famille. Une maison sans maman ! Catherine le ressentit plus que les autres. D'une nature silencieuse, elle ne se trouvait bien qu'avec sa mère et s'était habituée à trouver près d'elle toutes ses joies enfantines. Aussi, quel vide maintenant ! Le père est un rude paysan à qui il n'est pas question de se confier.

Il y a bien, depuis plusieurs années déjà, une personne dévouée qui aidait Madame Labouré.

7 

Mais ce n'est pas la maman ! Que faire ? Et voilà que la petite fille devine...
Se croyant seule, elle grimpe sur une chaise, se hausse sur la pointe des pieds, atteint enfin la statue de la Sainte Vierge qui, sur un meuble, domine. Elle la serre dans ses bras, l'appuie contre son cœur dans un grand élan d'affection qui bouleverse la servante arrêtée au seuil de la porte et regardant cette scène. Catherine demandait à Notre-Dame de lui tenir lieu de maman. Et Notre-Dame exaucera merveilleusement sa prière.

8 

En attendant, M. Labouré confie ses deux plus jeunes filles à leur tante qui habitait un autre village, Saint-Rémy. Voici donc Catherine et Tonine quittant leur maison, pour trouver chez Madame Jeanrot quatre petites cousines qui les accueillent fort bien. Bien plus tard, ces cousines purent déclarer qu'elles gardaient un merveilleux souvenir de la gentillesse de Catherine. Là encore, la grande fille ne fut pas envoyée à l'école, on ne sait trop pourquoi. Peut-être parce que Notre-Dame voulait montrer, comme elle le fera encore en choisissant à Lourdes Bernadette Soubirous, qu'elle ne s'arrête pas au degré d'instruction !

9

Puisque Catherine (pas plus que Bernadette) ne sont coupables de leur ignorance, cela ne sera pas un obstacle pour la Sainte Vierge.
Après deux années passées à Saint-Rémy, M. Labouré jugea ses filles assez grandes pour les reprendre avec lui à la ferme. Catherine avait onze ans passés. Elle était bien bâtie, intelligente et surtout très travailleuse. D'une nature silencieuse, aimant l'ordre et la propreté, elle ne craignait pas sa peine et désirait de tout son cœur contenter son père.

10

Aussi celui-ci lui faisant confiance, laissa partir son aînée Marie-Louise qui depuis longtemps désirait entrer chez les Filles de la Charité.

Catherine, sentant pourtant bien la lourde tâche qui lui incombait, dit bravement en désignant sa petite sœur Tonine : « A nous deux, nous pouvons très bien faire marcher la maison. »

Et elle le prouva.

Pendant des années, elle va ainsi tenir le rôle de la maman dans cette grande ferme où il y a tant à faire.

11

Ménage, cuisine, raccommodage à l'intérieur, sans oublier de s'occuper de Tonine de deux ans plus jeune qu'elle.

Soin de la basse-cour, ordre à tenir partout, repas à porter aux ouvriers qui travaillent dans les champs. Elle aime particulièrement son colombier, qui contient de sept à huit cents pigeons. Ceux-ci la connaissent bien et se posent familièrement sur ses bras, sur ses épaules, sur sa tête, tandis que d'autres volettent autour d'elle, lui faisant une auréole de plumes, à la grande joie de Tonine.

12

Mais en même temps que toutes ces tâches familiales auxquelles elle se donne vaillamment, Catherine poursuit un autre but. Elle prépare sa première communion. Pour cela, elle va au catéchisme à Moutiers-Saint-Jean et devient chaque jour plus désireuse de recevoir enfin Jésus-Hostie.

Tout en elle est attiré par le Seigneur, et tandis que ses sabots pressés claquent en mesure sur la route, son cœur les devance et atteint déjà le clocher qui scintille là-bas, dans la plaine.

13

Enfin le grand jour arrive pour la silencieuse fillette. Nous ne savons pas ce qui se passa dans son âme car elle n'en dit rien à personne. Ses compagnes ont pourtant remarqué son profond recueillement et Tonine se souviendra toujours que sa sœur avait l'air de n'être plus sur la terre. Elle ne pouvait détacher son regard du Tabernacle. Il semblait que rien n'existait autour d'elle. Certainement Jésus donna ce jour-là des grâces toutes spéciales à cette enfant que Notre-Dame avait déjà choisie comme confidente.

14

Tonine en a bientôt une autre preuve quand Catherine lui annonce tranquillement qu'elle ira désormais à la messe plusieurs fois par semaine. La petite est étonnée : Moutiers-Saint-Jean est à plus de trois kilomètres, et la journée commence tôt à la ferme. Elle le dit à sa grande sœur qui confirme son intention, ajoutant que puisque la messe est à 5 h 30 le travail n'en souffrira pas.

Et Catherine fait ce qu'elle a dit : on peut se la représenter partant avant 5 heures, à jeun, que le temps soit beau ou maussade.

15

Des témoins ont dit que son attitude à la messe était « celle d'un ange » tant elle était immobile et recueillie. Mais après son action de grâces, « l'ange » retrouvait ses jambes alertes pour remonter le coteau, dans la douce clarté du matin, portant en elle Celui qui allait toute la journée l'aider à remplir ses tâches ménagères : en rentrant, elle va voir le petit Auguste presque toujours alité ; elle s'occupe des poules, des pigeons, pense au repas de midi et s'affaire au ménage. Mais Jésus fait tout cela avec elle. Elle ne le quitte pas.

16

L'été, elle s'en va un peu avant midi, lourdement chargée du panier de provisions qu'elle porte aux moissonneurs. La cloche de l'Angélus tinte au loin : elle s'arrête pour saluer avec l'Ange sa chère Maman du ciel ; elle l'aime tant !

Puis on déjeune à la ferme, avec Tonine et Auguste quand il est debout. A peine la vaisselle finie, il faut de nouveau nourrir la basse-cour, chercher les œufs, veiller aux lapins. Et c'est quatre heures. Catherine a bien gagné un petit temps libre.

17

Emmenant souvent Tonine qui ne quitte guère son aînée, elle va faire une visite au Seigneur dans sa vieille église de Fain. La famille Labouré y a sa chapelle, celle de la Sainte Vierge. Catherine s'y agenouille et prie.

Toute droite, sans aucun appui, elle reste là longtemps, absorbée dans une muette contemplation. Trop longtemps peut-être pour la pétulante Tonine qui se fatigue vite de cette immobilité et se demande comment sa grande sœur peut rester ainsi sans bouger.

18

Au retour de l'église le travail reprenait. On préparait le souper ; on faisait les besognes du soir. Et l'heure de la veillée était celle du raccommodage, tandis que le papa lisait son journal. La messe du dimanche était alors, à la campagne, un événement familial, et M. Labouré, qui fut plusieurs années maire de Fain, est fier de ses deux grandes filles solides et qui portent bien la toilette. Des regards sympathiques accueillaient le groupe familial.

19

Et plusieurs mamans se disaient sans doute que Catherine, dans quelques années, ferait une excellente femme pour leur garçon.

Mais Jésus attirait de plus en plus à Lui la silencieuse adolescente. Un matin, revenant de la messe du bourg — c'était un vendredi — elle refusa de manger et déclara tout net à Tonine effarée : « Maintenant, je jeûnerai deux fois la semaine. »

Cette fois, la petite trouve que sa sœur exagère; elle craint pour la santé de Catherine, essaye de la convaincre de renoncer à ce projet.

20

Laisse-moi tranquille ! répond simplement l'aînée. Et elle fait comme elle a dit.

Au bout de peu de temps, Tonine s'affole, craint de la voir tomber malade :

— Si tu continues, lui dit-elle, je le dirai au père.

— Eh bien, vas-y !

C'est tout ce qu'a répondu Catherine.

Et Tonine, la mort dans l'âme à la pensée de dénoncer son aînée, va trouver son père pour lui raconter cette chose aussi étonnante qu'inquiétante.

21

Monsieur Labouré est un bon chrétien. Il a déjà accepté le départ de sa fille Marie-Louise qui est religieuse. Mais il n'aime pas ce qui lui paraît une extravagance : une fille de 15 ans qui veut jeûner ! Il le dit tout net à Catherine qui se tient devant lui, bouche cousue.

On ne sait ce que fut exactement cet entretien. Sans doute le père ne fit-il pas une défense formelle à sa fille, car elle continua de jeûner, le vendredi et le samedi. Et Tonine, la voyant en bonne santé, se tranquillisa.

22

Catherine lui avait dit un jour, peu de temps après sa première communion : « Moi aussi, je serai religieuse, comme Marie-Louise », et la petite y repensait souvent, en parlait quelquefois à son aînée qui n'avait pas changé d'avis.

— « Quand tu seras assez forte pour mener la maison toute seule, je m'en irai. »

Et comme Tonine demandait : « Où iras-tu ? » Catherine ne répondait pas. Elle était sûre que Dieu l'appelait, mais elle ne savait pas où.

23

Elle avait environ dix-neuf ans quand une famille du pays vint la demander en mariage. M. Labouré fut flatté de cette demande. Catherine était d'ailleurs une jeune fille solide, aimable sans être « causante ». Et ses grands yeux bleus si doux donnaient un certain charme à son visage. Si on lui trouvait l'air un peu lointain, par contre, on connaissait toutes ses qualités de bonne ménagère en même temps que la droiture et la délicatesse de son cœur.

24

Mais Catherine, sans un mot de trop, répondit simplement qu'elle ne voulait pas se marier. Le père n'insista pas.

Il n'en fut pas de même de Tonine qui désirait savoir ; elle questionna Catherine :

— « Je te l'ai dit, Tonine : je ne me marierai jamais. Je me suis fiancée à Notre Seigneur.

— Tu ne changes pas d'avis alors depuis tes douze ans ?

— Non, je ne change pas. »

Et ce fut tout.

25

À quelque temps de là, Catherine eut un rêve étonnant : elle se voyait à l'église de Fain, à sa place habituelle. Un prêtre âgé était à l'autel, et célébrait la messe. Un prêtre qu'elle ne connaissait pas et qui avait un visage grave et bon. Ce prêtre, quand il se retournait, la regardait avec insistance ; avant de rentrer à la sacristie, il lui fit signe de venir. Catherine prit peur et quitta l'église.

Ce jour-là (toujours dans son rêve) elle va voir une malade avant de rentrer chez elle.

26

Le vieux prêtre est là encore et lui parle : « Ma fille, c'est bien de soigner les malades. Tu me fuis maintenant, mais un jour tu viendras à moi. Dieu a des desseins sur toi, ne l'oublie pas ! »

Catherine s'éveille alors tout heureuse sans savoir pourquoi ; elle se demande ce que signifie ce curieux rêve.

Elle ne trouve pas d'explication. Mais, par contre, l'appel de Jésus se fait plus pressant en elle à mesure que le temps passe. Elle va avoir vingt-deux ans.

27

Tonine est maintenant une maîtresse de maison accomplie qui saura veiller à tout.

Catherine décide donc de parler à son père. Celui-ci se met en colère, gronde, et finalement refuse. Il ne veut pas perdre sa grande fille. Il aurait volontiers consenti à un mariage qui l'eût fixée au pays, mais la voir partir au couvent ! Non. C'est assez de Marie-Louise.

L'atmosphère familiale change, devient lourde à respirer.

28

Le père ne dit plus mot, mécontent au fond d'avoir peiné sa fille à qui il n'a rien à reprocher.

Tonine souffre de la souffrance de son aînée et n'ose rien lui dire. Celle-ci continue avec ponctualité tout son travail, essayant de ne pas trop laisser voir sa douleur intérieure.

M. Labouré cherche à sortir de cette situation pénible. Il pense que sa grande fille a besoin peut-être de voir autre chose.

29

Justement, un de ses fils, Charles, est établi restaurateur à Paris. « Voilà, se dit-il un peu maladroitement, qui pourrait changer les idées de ma fille. »

Il décide donc de l'envoyer à Paris, où elle aidera au restaurant pendant quelque temps.

On ne demandait pas alors aux enfants, même à vingt-deux ans, si les décisions de leurs parents leur convenaient. Catherine n'eut donc pas à discuter, mais simplement à obéir, une fois la chose conclue avec Charles.

30

On devine aisément son chagrin. Certes, elle avait fait dès longtemps à Dieu le sacrifice de sa maison, de ses plus chères affections, de son village et de son église. Mais c'était pour le servir Lui seul, en entrant au couvent.

Et voilà qu'elle devait effectivement quitter tout cela... mais pour devenir servante de restaurant dans une ville bruyante, au milieu du tapage d'une salle enfumée, des rires et des plaisanteries de la clientèle de ce restaurant !

31

Aussi quand arrive octobre et le moment du départ, Catherine est déjà toute changée et amaigrie. Elle s'est dominée tant qu'elle a pu, mais sa souffrance est si visible que Tonine, bouleversée, lui dit en pleurant : « Si tu partais pour être heureuse, au couvent, je n'aurais pas autant de peine ! »

Catherine ne part pas pour être heureuse, en effet ! Rien ne pouvait lui être plus pénible que la vie qu'elle va mener à Paris

32

Dans la diligence qui l'emporte, elle s'efforce en vain de retrouver la maîtrise d'elle-même. Elle prie intensément le Seigneur de l'aider dans cette tâche si nouvelle et si dure. Tout son cœur se tend vers Notre-Dame de qui elle implore l'aide maternelle.

C'est brisée de fatigue et de chagrin qu'elle arriva enfin au but de son voyage : une salle basse peu aérée, prolongée par une sombre petite cuisine, où elle allait, pendant des heures, servir la clientèle de son frère Charles.

33

Où sont ses champs ? Où est l'air vif de son coteau ? Ici l'air est vicié, tout plein de relents de cuisine et de tabac. Où est surtout son cher silence ? Dans cette salle trop petite, le bruit est démesuré, celui du service comme celui des conversations, des gros rires et des plaisanteries qu'on lui lance au passage.

Malgré tout son courage, la pauvre Catherine, qui a tenu bon toute la journée, s'effondre lorsqu'elle se retrouve seule dans sa misérable petite chambre sous le toit.

34

La tête dans ses mains, elle se prend à dire : « Je ne pourrai plus, je ne pourrai plus... »

Une ardente prière, un regard de foi vers le crucifix lui rendent cependant son courage. Et le lendemain, pâlie un peu plus mais vaillante quand même, elle descend à l'heure fixée pour reprendre son service, qu'elle accomplit d'ailleurs à la perfection.

Son frère Charles est très content d'elle, mais il voit bien que cette vie ne lui convient pas.

35

C'est un homme de cœur qui ne peut voir souffrir ainsi sa petite sœur. Mais comment faire ? Le père est sévère ; il a voulu cela ; acceptera-t-il une autre combinaison ?

Charles fait des projets, consulte l'aîné Hubert, un brillant officier dont la femme tient, à Châtillon-sur-Seine, une institution de jeunes filles. Catherine serait tellement mieux là que dans le restaurant parisien ! Les mois passent tandis qu'on échange des lettres entre Paris, Fain et Châtillon.

36

Il y a près d'un an que Catherine est servante de restaurant, lorsque sa belle-sœur, Madame Hubert Labouré, obtient enfin du père l'autorisation de la prendre chez elle. Sœur Marie-Louise, la sœur aînée, également consultée en cette occasion, a vivement conseillé la chose. Elle écrit à sa cadette : « Je désire que tu passes quelque temps à Châtillon comme te l'a proposé notre chère belle-sœur. Tu apprendrais à parler français mieux qu'on ne fait dans notre village ; tu t'appliquerais à l'écriture, au calcul, et surtout à la piété, à la ferveur et à l'amour des pauvres. »

37

Voilà donc Catherine, sortie de son village pour aller servir dans un restaurant d'ouvriers, qui maintenant va se trouver dans un milieu tout à fait autre !

Au pensionnat de Madame Labouré venaient en effet les jeunes filles de la riche société bourguignonne, et l'on y enseignait surtout « les bonnes manières », ce qui consistait en des petits riens inutiles et que nous trouverions aujourd'hui un peu ridicules : tenir un éventail d'une certaine façon, offrir un bonbon avec telle « grâce », faire la révérence, etc.

38

Le « maître à danser » fut sans doute fort étonné de cette nouvelle élève de vingt-quatre ans, raide et gauche, qui ne semblait pas pouvoir profiter de ses leçons !

Quant aux jeunes filles, on peut penser comment elles accueillirent « la nouvelle ». Elles ne virent en elle qu'une paysanne sans instruction, dont on pouvait se moquer à loisir puisqu'elle ne répondait rien et paraissait insensible aux petites méchancetés.

39

Insensible ! Elle ne l'était pourtant pas. Elle souffrait sans doute plus que d'autres qui auraient su se défendre. Et si proche de Dieu qu'elle était, les affronts qu'elle subit à Châtillon lui furent très durs. Pas plus d'ailleurs à Fain qu'à Paris, elle n'en avait connu jusqu'alors.

Sa belle-sœur s'aperçut vite de la situation. Elle évita dès lors de la mêler aux grandes élèves et lui fit donner quelques leçons particulières. Catherine apprit donc à lire et à écrire à Châtillon.

40

Mais elle avait bien du temps libre. Et dès qu'elle sut qu'il y avait dans la ville une maison des Filles de la Charité, elle désira s'y rendre. Elle se souvenait avec émotion de Moutiers-Saint-Jean où elle avait connu de si bons moments.

Arrivée à l'Hospice de la Charité de Châtillon, elle demanda la Supérieure. On la fait entrer au parloir. Une grande surprise l'attendait là : au mur est un portrait, le portrait d'un prêtre âgé, qui semble la fixer d'un regard étrangement vivant et souriant.

41

Catherine le reconnaît sans hésitation : c'est ce prêtre qui lui est apparu en rêve il y a quelques années, et qui lui faisait signe de venir. On devine l'émotion de la jeune fille qui demande vivement :

— « Quel est ce prêtre ?

— Mais c'est notre Père saint Vincent ! »

Catherine se tait, mais une grande lumière se fait en elle. La paix et la joie inondent son âme. Elle est sûre maintenant que Dieu la veut Fille de la Charité.

42

Désormais, elle passera plus d'heures à l'Hospice de la Charité qu'au « pensionnat des jeunes Demoiselles ».

Bien qu'elle soit toujours aussi peu communicative, elle est comprise par Sœur Séjole qui la prend en affection et l'emmène dans ses visites aux pauvres.

Monsieur le Curé, qui reçoit la confidence de son rêve et de ses désirs, lui confirme que Dieu l'appelle à être Fille de saint Vincent.

Sœur Séjole décide la Supérieure à l'admettre comme postulante.

43

Mais il reste papa Labouré ! Dans ce cas encore, c'est Madame Hubert Labouré qui plaide éloquemment la cause. D'ailleurs, depuis si longtemps qu'elle est partie, M. Labouré s'est habitué peu à peu à l'absence de sa fille. Il finit donc par dire, bougon : « Qu'elle fasse ce qu'elle voudra ! »

Il faut dire aussi que la chère Tonine s'était multipliée et avait, par affection pour sa sœur, convaincu le père que celle-ci n'était pas indispensable.

44

Madame Labouré fournit la dot et le trousseau, le père ayant refusé de donner quoi que ce soit. Et c'est ainsi que le 22 janvier 1830, accompagnée par cette chère belle-sœur, Catherine se présentait à l'Hospice de la Charité de Châtillon où on la recevait comme postulante.

Ce postulat se fait dans une des maisons des Filles de la Charité. La jeune fille est encore appelée « Mademoiselle » et vêtue de ses habits civils. Mais elle suit tout le règlement des Filles de la Charité. On confie Catherine à Sœur Séjole qui doit la former.

45

Catherine est profondément heureuse, d'une joie calme, qui ne se voit pas au dehors, mais qui lui fait accomplir avec amour et vaillance toutes les actions de ses journées : elle se lève à quatre heures, va chez les pauvres avec Sœur Séjole, s'occupe de l'ouvroir, fait les ménages.

Et aussi, elle continue d'apprendre à lire et écrire dans les quelques moments laissés libres par une vie si remplie.

Les trois mois de son postulat passèrent vite.

46

Elle apparaissait comme une jeune fille ponctuelle et dévouée, fidèle en tous points à la règle. Mais seule la Sœur Séjole, qui l'avait devinée dès le premier jour, se doutait un peu de ce que cachaient d'ardeur et d'élan vers Dieu ce visage tranquille, ces splendides yeux bleus si doux, toute cette attitude de réserve qui déroutait un peu les autres.

Par moments, et sans se l'expliquer, Sœur Séjole se sentait prise de respect pour la postulante qui lui avait été confiée par le Seigneur.

47

Elle eut un peu de peine en la voyant, son postulat terminé, partir pour Paris.

La jeune fille fut confiée à une Sœur âgée qui allait finir ses jours à la Maison-Mère.

La voilà donc de nouveau à Paris, notre chère Catherine ! Mais combien différente est cette arrivée ! Cette fois elle est heureuse, car elle est sûre de répondre à l'appel du Seigneur en entrant au Séminaire des Filles de la Charité. Et c'est justement, dans quelques jours, la solennité de la translation des reliques de saint Vincent.

48

« Heureuse et contente d'être arrivée pour ce grand jour de fête, il me semblait que je ne tenais plus à la terre », écrivait-elle à son confesseur.

La voilà maintenant novice, et vêtue comme ses compagnes d'une jupe et d'un corsage noirs, avec un châle de toile blanche et une coiffe blanche dont les deux pans retombent en arrière. Ainsi furent habillées les novices jusqu'au moment où les Filles de la Charité adoptèrent un costume plus moderne.

49

Comme à Châtillon, elle suivra avec une grande fidélité tous les exercices du règlement. Pendant huit mois, elle mènera cette vie de retraite qu'est celle du noviciat, toute partagée entre la prière et le travail à l'intérieur du Séminaire.

On ne la remarque en rien, si ce n'est peut-être, comme le faisaient déjà les paroissiens de Fain, par son attitude de recueillement extraordinaire devant le Tabernacle. « On aurait cru qu'elle voyait Notre Seigneur », a-t-on dit de Sœur Catherine.

Eh bien ! c'était exact.

50

Dès les premiers mois de sa vie religieuse, Dieu la favorisa de grâces exceptionnelles. Il se montra plusieurs fois à elle au Saint Sacrement de l'Eucharistie ; et en une autre circonstance vêtu d'ornements royaux.

« Le jour de la Sainte Trinité, écrit-elle, Notre Seigneur m'apparut comme un Roi avec la croix sur la poitrine... » Puis la vision change : « Il m'a semblé que Notre Seigneur était dépouillé de tous ses ornements... » — « C'est là que j'ai eu la pensée que le roi de la terre serait perdu et dépouillé de ses habits royaux. »

51

Sœur Catherine prophétisait sans le savoir. Dieu, par cette vision, lui montrait à l'avance ce qui allait arriver bientôt en France.

Une autre fois, Catherine voit le Cœur de saint Vincent de Paul lui apparaître sous différents aspects : « blanc couleur de chair, ce qui annonçait la paix... ; rouge feu, ce qui doit allumer la charité dans le cœur... ; rouge noir, ce qui me mettait la tristesse dans le cœur... je ne sais ni pourquoi ni comment cette tristesse se portait sur le changement de gouvernement. »

52

Sœur Catherine raconte à son confesseur, M. Aladel, ces grâces exceptionnelles. Le prêtre est tout étonné et se montre méfiant. La jeune novice n'apparaît pas du tout comme quelqu'un susceptible de visions. Il lui dit de ne plus penser à tout cela et de ne pas s'y arrêter du tout.

Elle s'y efforce, mais les faveurs du ciel continuent pour cette humble paysanne : « Toutes les fois que je revenais de Saint-Lazare, j'avais tant de peine. Il me semblait retrouver, à la Communauté, saint Vincent ou au moins son cœur qui m'apparaissait toutes les fois... »

53

Personne à la rue du Bac ne se doute de ce qu'est en réalité la Sœur Labouré. On dira seulement d'elle : « Elle a de la piété ». On remarque aussi l'attention avec laquelle elle récite le chapelet, et toujours cette attitude de recueillement extraordinaire lorsqu'elle est à la chapelle.

Mais de là à penser que cette jeune Sœur un peu « campagnarde » et sans instruction voit constamment Notre Seigneur et saint Vincent ! Non, vraiment, cela ferait plutôt sourire si on l'entendait dire...

54

Il n'est d'ailleurs pas question qu'on le sache. M. Aladel vient de lui déclarer : « Ma fille, je vous prie de laisser de côté toutes ces imaginations. Ce sont des tentations de l'orgueil. Appliquez-vous seulement aux devoirs de votre Séminaire. »

Elle s'y applique, la jeune Sœur, et nulle n'y est plus fidèle qu'elle. C'est bien la marque que Dieu la conduit. Devant cette attitude de son directeur, elle se contente de prier davantage et de tout accomplir mieux encore, faisant confiance au Seigneur pour le reste.

55

Et les jours coulent un à un dans la paix du Séminaire.

Souvent, dans son cœur, Sœur Labouré qui voit Notre Seigneur et saint Vincent, éprouve comme une tristesse de n'avoir pas encore vu la Sainte Vierge, celle-là même qu'à 9 ans elle prenait pour maman.

Nous voici au 18 juillet 1830. La Mère Marthe a parlé de la Sainte Vierge aux jeunes Sœurs du Séminaire. Sœur Catherine se sent le cœur tout chaud. Jamais elle n'a autant désiré voir Marie.

56

« Je me suis couchée, écrira-t-elle plus tard, avec cette pensée que cette nuit même je verrais ma bonne Mère. Il y avait si longtemps que je désirais la voir. »

On se représente aisément Catherine, l'âme pleine d'un ardent désir, avec cette unique pensée dans l'esprit.

« Enfin je me suis endormie. » Comme une enfant confiante qu'elle est, elle s'endort sur son désir, le murmurant sans doute encore dans le secret de son cœur.

57

C'est maintenant le grand silence au dortoir, silence animé seulement par les respirations régulières des dormeuses. Il est onze heures et demie du soir.

Catherine soudain s'éveille en sursaut. Elle s'est entendue appeler par deux fois :

— Ma Sœur Labouré ! Ma Sœur Labouré !

Elle se dresse, ouvre vivement le rideau à carreaux blancs et bleus de son alcôve et aperçoit un petit enfant de 4 à 5 ans, habillé de blanc, qui lui dit aussitôt :

58

Venez à la chapelle. La Sainte Vierge vous attend.

Catherine craint de réveiller tout le dortoir. Elle hésite. Peut-elle faire ce que l'enfant demande ? Mais celui-ci comprend son incertitude et la rassure :

— Soyez tranquille. Il est onze heures et demie, tout le monde dort bien. Venez, je vous attends.

Sœur Labouré alors n'hésite plus. Elle s'habille en hâte pour suivre l'enfant. Celui-ci se met à sa gauche. Et les voilà cheminant tous deux à travers le dortoir et l'escalier qui mène à la chapelle.

59

Partout les lumières étaient allumées, et la porte de la chapelle s'ouvrit « à peine que l'enfant l'eût touchée du bout du doigt ».

La chapelle brille de « tous les cierges et flambeaux allumés »... « comme pour la messe de minuit », précisera Catherine. Mais dans toute cette lumière, elle se rend compte que la Sainte Vierge n'est pas là.

L'enfant la conduit alors jusque dans le sanctuaire à côté du fauteuil qu'occupait le prêtre pendant les offices. Elle s'agenouille, tandis que l'enfant reste debout.

60

Elle « trouve le temps long » et craint encore qu'on ne la surprenne là en pleine nuit. Que dirait-on ? Enfin l'enfant lui annonce la céleste visiteuse : « Voici la Sainte Vierge, la voici. » Elle entend alors « comme le froufrou d'une robe de soie » et voit une grande dame qui, après s'être prosternée devant le Tabernacle, vient s'asseoir dans le fauteuil.

Catherine est interdite. Elle se demande si cette dame est vraiment la Sainte Vierge.

61

L'enfant alors lui parle pour la rassurer, et il le fait comme l'aurait fait le plus fort des hommes, et « avec des paroles très fortes, qui n'étaient plus d'un enfant ».

« Alors, dit la Sœur, regardant la Sainte Vierge, je n'ai fait qu'un saut auprès d'elle, à genoux sur les marches de l'autel, les mains appuyées sur les genoux de la Sainte Vierge. »

Les mains sur les genoux de la Sainte Vierge !

62

Il fallait la pureté, la naïve tendresse et la simplicité de Catherine pour trouver un pareil geste ! Elle voit Notre-Dame, et la seule attitude que lui dicte son amour est celle-ci : les mains sur les genoux de la Mère de Dieu, comme une enfant ferait vraiment avec sa maman.

Rien qu'à ce geste, on comprend un peu à quel point elle l'aimait, et on remercie Notre-Dame d'avoir choisi entre tant d'autres l'humble et sainte Catherine Labouré.

63

Catherine la silencieuse ne peut s'empêcher d'ajouter : « Là il s'est passé un moment le plus doux de ma vie. Il me serait impossible de dire tout ce que j'ai éprouvé. »

Comme on la comprend ! Ce contact établi si étroitement entre la Vierge et son enfant privilégiée ne peut évidemment se raconter.

« J'y suis restée je ne sais combien de temps », ajoute la sainte qui n'avait plus conscience des minutes.

64

Catherine, obtenez-nous de connaître un peu de cette douceur que vous avez éprouvée aux genoux de Marie, la mère de Jésus!

Maintenant la Sainte Vierge parle à Sœur Labouré. Elle lui dit que Dieu veut la charger d'une mission qui lui causera bien de la peine ; elle connaîtra des choses cachées ou à venir ; elle devra tout dire à M. Aladel ; elle sera cependant contredite.

65

Il faudra pourtant qu'elle dise tout, à mesure, même si on ne la croit pas.

Notre-Dame continuait : « Les temps sont très mauvais. Des malheurs vont fondre sur la France. Le trône sera renversé. Le monde entier sera renversé par des malheurs de toutes sortes. »

Et Catherine note que « la Sainte Vierge avait l'air très peiné en disant cela ».

Un appel à la prière et à la confiance suit immédiatement ces tristes annonces :

66

« Mais venez au pied de cet autel : là les grâces seront répandues sur toutes les personnes qui les demanderont, les grands et les petits. »

Voilà une déclaration importante, et qui explique le flot de pèlerins qui sans cesse se renouvelle dans cette chapelle où la Sainte Vierge a fait une si merveilleuse promesse. Promesse toujours tenue. Grâces étonnantes accordées à tous ceux qui les demandent avec foi. Grâces éclatantes, grâces cachées, qui en dira le nombre et l'importance !

67

La Sainte Vierge dit encore beaucoup de choses à Catherine, en particulier son affection pour cette Communauté des Filles de la Charité et son désir qu'on y observe la règle avec plus de fidélité, car après la Révolution qui avait dispersé toutes les Sœurs, il y avait eu forcément de la désorganisation. Elle donna des conseils précis à cet égard et assura les deux branches de la famille de saint Vincent (les Pères et les Sœurs) de sa protection spéciale dans les dangers futurs.

« Il y aura des victimes dans d'autres Communautés » (la Sainte Vierge avait des larmes dans les yeux en disant cela).

68

« Dans le clergé de Paris il y aura des victimes. Monseigneur l'Archevêque mourra. » (A ces mots, ses larmes coulèrent de nouveau.)

« Mon enfant, la croix sera méprisée, on la jettera par terre, on ouvrira de nouveau le côté de Notre Seigneur, les rues seront pleines de sang, le monde entier sera dans la tristesse. » (Ici la Sainte Vierge ne pouvait plus parler, la douleur était peinte sur son visage.) Et comme Sœur Catherine se demandait : « Quand cela arrivera-t-il? » elle comprit que ce serait dans quarante ans.

69

Ce qui frappe le plus dans cet entretien de la Sainte Vierge, c'est la bonté maternelle qu'elle témoigne à ses enfants de la terre.

Comment n'être pas bouleversé de reconnaissance et d'amour en la voyant s'émouvoir ainsi de nos malheurs, pleurer sur les victimes des méchancetés humaines, et avoir le cœur si déchiré qu'elle « ne pouvait plus parler ». Nous connaissons bien cette impuissance à nous exprimer quand nous avons trop de chagrin. Mais penser que la Sainte Vierge a ressenti cela à notre égard !

70

Comment pouvons-nous encore la considérer comme un personnage lointain et peu accessible ?

Avec la foi et la simplicité de Sœur Catherine, il faut obéir à tout ce qu'elle désire, nous appliquer à mieux accomplir notre devoir d'état, prier pour tous ceux qui souffrent, et aller souvent, si nous le pouvons, au pied de cet autel, où elle est venue elle-même, lui demander pour nous et pour d'autres les grâces qu'elle a promises.

71

Il y a déjà longtemps qu'en cette nuit du 18 au 19 juillet 1830, se prolonge cet entretien avec la Sainte Vierge.

Sœur Catherine se rend compte enfin que quelque chose s'éteint, et qu'une ombre s'éloigne dans la direction d'où est venue la dame. Elle se relève, et elle voit l'enfant qui est resté à l'endroit où elle l'avait laissé.

« Elle est partie », lui dit-il.

Et par le même chemin qu'à l'aller, l'enfant raccompagne la jeune Sœur au dortoir.

72

Catherine pense alors que cet enfant est son Ange Gardien car elle l'a beaucoup prié pour obtenir cette faveur de voir la Sainte Vierge.

La voilà maintenant revenue à son lit. Elle entend alors sonner l'heure : il est deux heures du matin.

Et la sainte ajoute naïvement pour terminer ce merveilleux récit :

« Je ne me suis point rendormie. » On s'en serait douté ; elle a dû passer le reste de sa nuit à dire merci.

73

S'est-elle inquiétée de cette « mission » extraordinaire dont Dieu, par sa Mère, voulait la charger ?

Elle en fut sans doute surprise, et se demanda comment son confesseur prendrait la chose. Ce ne fut sans doute pas sans trembler qu'elle déclara à M. Aladel avoir vu la Sainte Vierge. Celui-ci en effet la reçut assez mal. Mais Marie l'avait priée de « tout dire », aussi, quoi qu'il lui en coûte et de si mauvaise grâce que son message fût reçu, la Sœur s'obligea à tout raconter dans le détail.

74

Le prêtre l'écouta avec un peu d'impatience, se demandant ce qu'il fallait penser de cette histoire. Mais il n'attendit pas longtemps pour avoir une preuve de la sincérité de Catherine.

La fin de ce mois de juillet fut marquée par les journées d'émeutes que l'on connaît. Plusieurs événements se réalisèrent exactement comme la jeune Sœur les avait annoncés d'après Notre-Dame. Certains détails très significatifs firent penser à M. Aladel que cette jeune fille avait sans doute réellement vu la Sainte Vierge.

75

Des groupes d'émeutiers vinrent jusqu'aux portes de la Maison de Saint-Lazare avec l'intention de la piller. Ils n'y entrèrent même pas. Même la croix qui dominait la porte d'entrée des Pères fut respectée, alors qu'une bande était venue tout exprès pour la démolir.

Notre-Dame, dans ces jours sombres, protégeait visiblement les deux Communautés qu'elle aimait spécialement.

Et Catherine prie plus intensément que jamais au pied de cet autel où la Sainte Vierge a promis des grâces.

76

Elle prie pour la France à nouveau blessée, pour sa Communauté, pour son confesseur qui ne la croit guère, pour les siens, pour elle aussi.

La Sainte Vierge lui avait défendu de parler à personne d'autre qu'à M. Aladel de tout ce qui lui arrivait de surnaturel. Elle obéit, mais ce dut être dur parfois. Quand le prêtre semblait douter de ses dires, elle aurait peut-être aimé pouvoir se confier à l'une de ses Sœurs.

Impossible... il lui faut garder le silence, et souffrir toute seule.

77

Toute seule... non, car plus que jamais elle se sentait aimée par sa Mère du Ciel. Plus que jamais elle s'en remettait à elle pour tout. Et quelque chose lui disait intérieurement qu'elle la reverrait.

En attendant, elle était toujours aussi peu remarquée parmi ses compagnes du Séminaire. Avec elles, elle allait au ménage, à la lessive, au réfectoire, à la chapelle, et elle mettait le plus d'amour possible dans toutes les actions de ses journées.

78

Elle vivait, elle l'a dit elle-même, « dans l'espoir de la revoir ».

Et nous voici à la fin de l'automne 1830, le 27 novembre. Sœur Labouré est à la chapelle avec les Sœurs pour l'oraison du soir. Après la lecture du premier point, c'est le silence. Alors, dit Catherine, « il m'a semblé entendre du bruit... comme le frou-frou d'une robe de soie ; ayant regardé de ce côté, j'ai aperçu la Sainte Vierge à la hauteur du tableau de saint Joseph ».

La Sainte Vierge, pendant cette seconde apparition, va rester debout entre ciel et terre.

79

Elle est habillée d'une robe de soie «blanc aurore », porte un long voile blanc qui descend jusqu'au bas de la robe. Sous le voile, on voit ses cheveux en bandeaux.

Ses pieds sont posés sur une sphère dont Catherine ne voit que la moitié.

Dans ses mains qu'elle tient à la hauteur de la poitrine, est un autre globe plus petit.

Ses yeux sont levés vers le Ciel. Sa figure est «de toute beauté », tellement belle que la jeune Sœur « ne pourrait la dépeindre ».

80

On se représente Catherine, ravie par le spectacle. Mais voici qu'elle aperçoit aux doigts de la Sainte Vierge « des anneaux revêtus de pierreries plus belles les unes que les autres... qui jetaient des rayons... »

Le petit globe disparaît, les mains de Marie s'ouvrent et s'abaissent, les rayons partant des bagues s'élargissent et remplissent « tout le bas ». « Je ne voyais plus ses pieds », dira Sœur Catherine qui est en extase devant la splendide vision. Les yeux de la Sainte Vierge s'abaissent alors sur elle et la regardent longuement.

81

Une voix intérieure lui explique le sens de la vision. Le globe représente « le monde entier — particulièrement la France — et chaque personne en particulier »; l'éclat des rayons est le symbole des grâces que Marie répand sur ceux qui les lui demandent.

Sœur Catherine comprit encore « combien il était agréable de prier la Sainte Vierge et combien elle était généreuse envers les personnes qui la prient, que de grâces elle accordait aux personnes qui les lui demandent et quelle joie elle éprouve en les accordant. »

82

Beaucoup plus tard, à la fin de sa vie, Sœur Labouré dira que les lèvres de la Sainte Vierge remuaient tandis qu'elle tenait le globe de la terre. Et quand on lui demandera ce qu'elle disait, la sainte répondra : « Je n'entendais pas, mais je comprenais qu'elle priait pour le monde entier. »

La vision se modifie à nouveau. Il se forme tout autour un ovale qui la transforme en un tableau au haut duquel se détache en lettres d'or l'invocation : « O Marie conçue sans péché, priez pour nous qui avons recours à vous. »

83

C'est l'image d'une médaille — de cette fameuse médaille universellement connue maintenant — que Catherine a sous les yeux.

Voici que le tableau semble se retourner et présente le revers de la médaille : le monogramme de Marie, l'M surmonté d'une croix et les deux Cœurs, celui de Jésus couronné d'épines, celui de Marie percé du glaive. Douze étoiles formant l'ovale entourent le tout.

La petite Sœur contemple le spectacle lorsqu'il lui est dit :

84

« Faites frapper une médaille sur ce modèle. Toutes les personnes qui la porteront recevront de grandes grâces, en la portant au cou ; les grâces seront abondantes pour tous ceux qui la porteront avec confiance. »

Et la vision disparaît.

Voici donc la mission annoncée la nuit de la première visite de Notre-Dame.

Catherine l'a bien compris. Dès le lendemain, craintive, mais décidée, elle s'en va trouver M. Aladel pour lui en faire part.

85

On la voit, tremblante, devant le prêtre qui, comme d'habitude, se montre assez brusque envers elle, persuadé qu'il a affaire à une imagination exaltée. Catherine lui raconte pourtant tout par le détail — puisque la Sainte Vierge le lui a dit — et insiste sur l'ordre reçu quant à la médaille.

Le bon prêtre ne lui donne pas un mot d'espoir à ce sujet. Il lui renouvelle au contraire son précédent conseil d'oublier tout cela qui n'est sûrement que pure imagination.

86

Oublier la radieuse vision ! Elle ne le pouvait pas et ne vivait que dans la pensée qu'elle la reverrait encore.

Elle en était tellement occupée intérieurement que cela lui donnait parfois l'air absent. On l'en taquinait un peu. Un jour qu'au réfectoire elle restait immobile et perdue dans sa contemplation devant son assiette pleine : « Allons, allons, ma Sœur Labouré, sortez de votre extase ! » lui dit une des Sœurs Directrices du Séminaire.

Peu de temps après en effet, la Sainte Vierge apparut pour la troisième fois à la chère petite Sœur, toujours à la chapelle.

87

C'était une confirmation de la précédente apparition : Marie offrant le globe de la terre, les pieds posés sur un autre globe, et toujours les rayons partant des bagues qu'elle porte à ses doigts.

Comme Catherine remarque que de certaines pierreries il ne semble pas sortir de rayons, il lui est dit : « Ces pierreries d'où il ne sort rien, ce sont les grâces que l'on oublie de me demander. »

Déjà Jésus nous avait dit dans l'évangile : « Demandez et vous recevrez. »

88

De même, pour qu'Elle nous obtienne des grâces, il faut que nous les lui demandions. Tous ces beaux joyaux tout prêts à répandre leurs rayons, et qui sont ternes parce qu'on a oublié de prier Notre-Dame !

Sœur Catherine raconte fidèlement cette nouvelle visite de la Sainte Vierge à M. Aladel, qui ne la reçoit pas mieux que les autres fois !

La fin de son Séminaire approche cependant. Bientôt elle prendra officiellement l'Habit des Filles de la Charité.

89

Quelle joie ce dut être pour elle quand elle reçut cet Habit ! Le rêve de ses douze ans se réalisait : elle appartenait tout à fait au Seigneur pour Le servir dans ses pauvres.

M. Aladel était assez surpris que la jeune Sœur n'ait rien raconté à personne qu'à lui. Bien d'autres à sa place auraient parlé à leurs compagnes. Cette discrétion lui faisait bonne impression. Il savait aussi que Sœur Labouré avait été favorablement jugée par ses Directrices du Séminaire.

90

Sans être une Sœur qu'on remarquait, on n'avait rien à lui reprocher. On notait entre autres : bon caractère ; a de la piété ; travaille à la vertu.

Dès sa prise d'Habit, on lui donne un poste bien humble, qui convient à son manque d'instruction: elle aidera à la cuisine à l'Asile de vieillards de la rue de Picpus à Paris.

Elle quitte donc ce Séminaire où elle a été heureuse, cette place au dortoir où son Ange Gardien est venu la chercher une nuit, et surtout cette chapelle où elle a reçu des grâces si exceptionnelles.

91

Elle y reviendra en visite, bien sûr. Mais tout de même, ce dut être ce jour-là un arrachement de tout son être. D'autant qu'elle n'a pas rempli sa « mission ». M. Aladel ne veut toujours rien entendre, la médaille n'est pas faite.

N'importe, confiante en Ceux qui sont sa raison de vivre : Jésus et Marie, elle s'en va, calme et joyeuse, où l'obéissance l'envoie. Paisible, elle arrive dans cette grande maison « de Reuilly » où elle passera toute sa vie. C'est le 5 février 1831.

92

L'Hospice abrite une cinquantaine de vieillards. C'est dire qu'il ne manquait pas de travail à la cuisine. Sœur Labouré s'y donne de tout son cœur. Sans jamais s'accorder un instant de répit elle épluche, récure, porte les chaudrons, surveille la soupe, entretient le feu.

Plus tard elle aura à s'occuper des vieillards eux-mêmes, et le fera avec un dévouement vraiment maternel.

93

Elle leur donnera tous les soins et leur rendra tous les services, même les moins agréables, avec son bon sourire.

Propre toujours comme sa chère maman lui a appris à l'être dès sa petite enfance, elle ne supportera jamais, ni sur elle ni pour eux, le moindre accroc ou la plus petite tache. Et quel mal cela lui donnait avec ces chers vieux peu soignés et rendus malhabiles par leur âge et leurs infirmités ! Elle voulait que tout brille à l'Asile.

94

Et on l'a vue bien souvent, même quand elle souffrit de sciatique et d'asthme, cirer le plancher à deux genoux par terre sans compter avec sa fatigue.

Une triste nouvelle lui parvient un jour : là-bas, à Fain, son père vient de mourir. Elle en eut un très grand chagrin, qui se voyait sur sa figure bien qu'elle ne dît rien.

Mais pendant que Sœur Labouré, inconnue de tous, besognait à l'Asile, que devenait sa mission?

95

À vrai dire, M. Aladel avait commencé d'y croire, et sans rien dire à sa pénitente, il cherchait à réaliser la demande de la Sainte Vierge. Il hésitait encore un peu, lorsqu'il eut l'occasion d'aller voir l'Archevêque de Paris. Il en parla donc à Monseigneur de Quélen. Celui-ci se montra tout de suite favorable à la frappe de la médaille, et en demanda une pour lui.

Cela rassura le bon M. Aladel qui craignait toujours de donner dans un piège tendu par le démon.

96

Il commanda donc des médailles à un graveur parisien. Et il ébruita le récit des Apparitions de la rue du Bac, sans nommer la Sœur.

L'enthousiasme fut grand à la Communauté, on s'en doute. Bientôt la ferveur redoubla comme l'avait désiré la Vierge, le Séminaire devint trop petit pour contenir toutes les jeunes filles qui demandaient à y être reçues.

Et en 1832 — il y aura bientôt deux ans que la Sainte Vierge l'a demandée — la médaille paraît enfin.

97

Cette médaille, nous la connaissons tous maintenant. Elle a été répandue à des millions d'exemplaires et continue toujours de se répandre et d'accomplir des merveilles.

Pour la première fois, M. Aladel en commanda 20.000 au graveur. Et dès la première livraison, le pape Grégoire XVI en mit une au pied de son crucifix, tandis que l'Archevêque de Paris recevait avec joie celle qu'il avait demandée.

Quelle dut être l'émotion de Sœur Labouré en voyant enfin cette médaille !

98

Elle la reçut en-même temps que ses Sœurs. Et il fallait qu'elle eût une bien grande force d'âme pour ne rien laisser voir de ses sentiments à cet instant.

Avec respect — et quel amour aussi ! — elle la baisa longuement avant de la passer à son cou. Et personne autour d'elle ne se douta que cette Sœur toute simple était justement celle à qui l'on devait la médaille.

Mais la Sainte Vierge dut faire comprendre à la petite Sœur qu'elle était bien contente d'elle.

99

Et cela lui suffisait. Comme on la comprend et comme on voudrait qu'elle nous obtienne son humilité, sa simplicité, mais surtout son ardent amour pour Notre-Dame !

A Reuilly, on voit encore une statue de la Vierge, que Sœur Catherine saluait d'un Ave chaque fois qu'elle passait devant. Marie était vraiment sa Mère, de qui elle attendait tout et à qui elle se confiait pour tout. Car il ne faudrait pas croire que la vie lui était si facile.

100

Par suite de son ignorance et aussi de son attitude si effacée, la Sœur avait à essuyer bien des affronts. On la croit peu intelligente, tout juste bonne pour de gros travaux. On n'a rien vu du trésor caché dans cette silencieuse.

On a tout de même remarqué que dans les moments difficiles, elle était tout dévouement et toute force d'âme. C'est ainsi qu'un incendie s'étant déclaré dans la maison voisine du couvent, la Sœur Catherine se montra à la hauteur des circonstances, calma les Sœurs affolées et évita ainsi les accidents qu'aurait pu causer la panique.

101

Elle affirme d'ailleurs, avec une netteté qui surprend tout le monde, que la Communauté ne sera pas atteinte par le feu. Et c'est exact.

M. Aladel, de plus en plus convaincu maintenant de la sainteté de la petite Sœur, a parlé d'elle (sans la nommer) à ses Supérieurs et aussi à l'Archevêque de Paris. Ce dernier voudrait la voir et l'interroger lui-même. Plusieurs fois, le prêtre rapporte cette demande à Catherine. « La Sainte Vierge m'a dit de ne parler qu'à vous », répond toujours l'humble fille.

102

Pourtant on comprend les désirs de l'Autorité, car la médaille est devenue, en deux ou trois ans, la « médaille miraculeuse ». Dès ces premières années elle accomplit des prodiges ; de plusieurs pays du monde, parvient rue du Bac le récit de guérisons et autres miracles qui lui sont attribués. Des commissions d'enquête se réunissent pour examiner ces faits prodigieux.

Et dire que personne, sinon son confesseur, ne connaît la confidente de l'Immaculée, la messagère d'une telle merveille !

103

Dans sa Communauté, elle est traitée comme la dernière. On dit facilement « la Sœur du poulailler » car elle a accepté volontiers le soin de la basse-cour en plus de ses autres tâches. Sans doute se rappelle-t-elle les années de son enfance à Fain, lorsqu'elle était auréolée de ses pigeons ?

Elle se plaît dans ces tâches obscures et matérielles, qui lui permettent de rester plus unie à Notre Seigneur et à la Sainte Vierge. C'est tout son désir et le but de tous ses efforts.

104

Lorsqu'elle reçoit une rebuffade, lorsqu'on lui fait sentir un peu de mépris, lorsqu'on va même jusqu'à la traiter de sotte, Sœur Labouré sent vivement l'affront. Car elle est bien loin d'être sotte. Elle doit faire un effort terrible pour se dominer et ne pas répondre. Elle rougit violemment, serre les lèvres très fort pour ne pas laisser sortir une réplique, et jette intérieurement un regard vers Notre-Dame pour obtenir son aide. C'est fini. Sœur Catherine a choisi d'aimer davantage !

105

Dans le silence de l'oraison, la Sainte Vierge continuait de la guider comme une Maman, et aussi de lui confier ses désirs. C'est ainsi qu'elle l'a chargée d'une commission particulière pour M. Aladel.
Elle la lui transmit en ces termes : « La Sainte Vierge veut de vous une mission de plus. Vous en serez le fondateur et le directeur. C'est une confrérie d'Enfants de Marie où la Sainte Vierge accordera beaucoup de grâces... Le Mois de Marie se fera avec une grande pompe et sera général... »

106

Et comme cela ne se fait pas assez vite, Catherine revient à la charge, disant au prêtre : « ... Je suis pressée, tourmentée à ce sujet. La Sainte Vierge est mécontente... »
C'est ainsi que naquirent les Associations d'Enfants de Marie Immaculée, sur un désir précis de Notre-Dame. Rien d'étonnant alors qu'elles se soient si magnifiquement développées. L'association a été voulue par Marie !

107

Etre Enfant de Marie Immaculée, c'est non seulement s'assurer l'aide spéciale de la Sainte Vierge dans cette vie terrestre qui est un combat perpétuel — c'est non seulement chercher à reproduire en nous quelque chose de sa pureté, de sa vaillance, de sa charité envers Dieu et nos frères les humains — mais c'est aussi accomplir son désir nettement exprimé, et c'est donc, finalement, lui faire plaisir.
Faire plaisir à la Sainte Vierge !

108

C'est ce que s'efforçait de faire Catherine à toutes les heures de ses journées. Et c'est ce qui la rendait bonne envers tous.
Les vieillards dont elle s'occupait n'étaient pas toujours commodes, on s'en doute. L'âge rend souvent grognon et ils se plaignaient facilement de tout et de rien.
Pourtant, quand ce fut Sœur Labouré qui en fut chargée, on n'entendit plus guère de revendications. Elle était pour eux comme une mère.

109

À leur jour de sortie, il arrivait que l'un ou l'autre rentrât ivre le soir. Bien doucement, sans rien dire, elle le conduisait à son lit et le laissait tranquille. Le lendemain seulement, elle lui montrait combien c'est dégradant pour un homme de boire plus que de raison. Et, réellement fâché contre lui-même d'avoir peiné la Sœur si bonne, il promettait de ne plus recommencer.

Elle s'ingéniait pour qu'ils soient toujours bien nourris et ne manquent de rien.

110

Une Sœur se promenant un jour au verger avec elle, remarqua des fruits magnifiques.

— « Oh ! ma Sœur Labouré, permettez-moi d'en prendre.

— Ces fruits sont pour nos vieillards. S'il en reste... oui, vous en aurez ! »

On aime voir en sainte Catherine ce cœur maternel pour ses chers vieux enfants.

Sœur Catherine a maintenant dépassé trente ans. Le message de la Vierge Immaculée est connu universellement.

111

La médaille et l'invocation multiplient les miracles. Les Associations d'Enfants de Marie se développent.

Catherine n'a cependant pas rempli toute sa mission. La Sainte Vierge la presse de faire réaliser sa statue dans la pose de Médiatrice qu'Elle a bien voulu prendre : le globe terrestre dans les mains, dans un geste d'offrande.

M. Aladel hésite, fait tailler un modèle qui ne convient pas du tout. Le temps passe. Catherine souffre de ces délais.

112

Cette souffrance l'accompagne maintenant toute sa vie, car en 1865 M. Aladel mourra, dix ans avant elle, sans avoir accompli ce désir.

Mais nous ne sommes alors qu'en 1841. Dans les années précédentes, beaucoup de faits extraordinaires se sont produits, nous l'avons vu, par la dévotion à Marie Immaculée.

A Paris, le Curé de Notre-Dame des Victoires, alors triste paroisse peu fréquentée, se tourmente fort de cet état de choses. Le 3 décembre 1836, pendant sa messe, M. l'Abbé Desgenettes a une inspiration.

113

Il sent qu'il doit consacrer sa paroisse au Cœur Immaculée de Marie. Il le fait, établit une Confrérie. Et voilà que tout change. L'église vide s'emplit chaque jour de pèlerins, la ferveur grandit, et la paroisse Notre-Dame des Victoires est maintenant un lieu de pèlerinage où Marie répand ses grâces en abondance.

Sainte Thérèse de l'Enfant-Jésus, de passage à Paris, y est venue prier ainsi que bien d'autres pèlerins illustres.

Guérisons, protection, conversions se multipliaient partout.

114

En 1842, un jeune homme juif, Alphonse Ratisbonne, visitait l'Italie. A Rome, il va voir un ami de sa famille, M. de Bussières, chrétien fervent. Après une longue causerie, Alphonse se voit obligé — par politesse — d'accepter une médaille que son hôte lui passe au cou. Il en est assez mécontent car il déteste la religion et on lui a forcé la main.

Pendant qu'il visite Rome, M. de Bussières fait prier très fort pour lui. Le jeune homme est plutôt agacé des gentillesses de son ami.

115

Ils sortent ensemble. M. de Bussières doit faire une commission à la sacristie d'une église. Il prie Alphonse de l'attendre quelques minutes. Le jeune homme marche au hasard dans le bas-côté de l'église, pour passer le temps. Soudain lui apparaît, dans une lumière magnifique, une femme grande et belle, toute pareille à celle de la médaille qu'on lui a mise au cou.

Il court vers elle, attiré comme par un aimant. Elle se penche, lui fait signe de s'agenouiller. Il tombe le front contre les dalles.

116

Il relève bientôt la tête pour la voir encore. Mais son éclat est insoutenable. Ses yeux s'arrêtent aux mains de la Vierge (car c'est Elle) et il y voit nettement à son égard le pardon et la miséricorde. Il pleure de reconnaissance et d'amour.

M. de Bussières le trouve là, prosterné. Alphonse lui dit seulement, le visage rayonnant d'allégresse en même temps que baigné de larmes : « Elle ne m'a rien dit, mais j'ai tout compris. » Et aussitôt, il demande : « Conduisez-moi près d'un prêtre. »

117 

118 

Ce jeune juif qui se moquait de la religion chrétienne, Alphonse Ratisbonne, fut bientôt baptisé et devint prêtre. Il voua toute sa vie à l'apostolat auprès de ses frères israélites, dans la Congrégation de Notre-Dame de Sion.

Il n'a voulu sur sa tombe que ces mots : « O Marie, souvenez-vous de votre enfant, qui est la douce et glorieuse conquête de votre amour . »

Cette conversion fit beaucoup de bruit, car Alphonse Ratisbonne était très connu, et la réputation de la médaille s'accrut encore.

Le Roi la portait ainsi que ses enfants. Lepape Le Pape désira bientôt, lui aussi, connaître la Religieuse à qui l'on devait un tel trésor. Mais l'humble Catherine se retrancha toujours derrière le désir de la Sainte Vierge ; elle refusa de se faire connaître et resta « la Sœur du poulailler ».

Toute Sœur du poulailler qu'on l'appelait avec une petite moue méprisante, on avait tout de même bien confiance en elle au point de vue du travail. On la savait tellement courageuse, tellement fidèle dans les moindres détails.

119 

120 

De Sœur de la cuisine, elle est devenue à peu près directrice de l'Asile de vieillards. On ne lui en donne pas le titre, mais elle en a toutes les responsabilités et s'en tire à la complète satisfaction de sa Supérieure.

A vrai dire, cela ne nous étonne pas... Certaines jeunes Sœurs plaisantaient un peu au sujet de Sœur Catherine ; ce qu'elles ont dû bien regretter ensuite. C'est toujours dangereux de juger son prochain sur les apparences.

« Prendre Marie pour modèle au commencement de toutes mes actions... », écrivait Sœur Catherine comme résolution de retraite. C'est parce qu'elle suivait cette consigne que son devoir était toujours si bien rempli.

Comme Marie eût soigné les bons vieux de l'Asile, Sœur Labouré les soignait. La voilà un jour qui, chargée d'un grand seau de lait, revient de traire la vache. C'est l'heure du souper. La Sœur cuisinière se précipite vers elle, désolée : « J'ai oublié de faire la soupe des vieillards ! » Et Sœur Labouré de répondre sans se démonter :

121

« Eh bien ! nous allons leur donner une bonne soupe au lait, j'en ai justement beaucoup ce soir. » Ainsi, elle apaisait toujours et prenait le bon côté de tout. Les bons vieux y gagnèrent ce jour-là !

Ils aimaient beaucoup leur Sœur Catherine, car ils avaient deviné son cœur si bon et ils étaient sûrs de son dévouement. Jamais elle n'avait pour eux une parole dure ; toujours elle les excusait, les choyait.

Quand l'un était plus malade, elle le dorlotait comme un enfant, n'hésitant pas à passer ses nuits à son chevet.

122

Et quand la fin venait, elle les préparait doucement à paraître devant Dieu, ne les quittant plus, adoucissant leurs derniers moments le plus qu'elle pouvait.

Elle recevait de temps en temps des visites de sa famille, surtout de sa sœur Tonine, à laquelle elle avait été si unie dans sa jeunesse. Celle-ci était mariée et mère de famille. Sœur Catherine aura la joie de conduire elle-même chez les Lazaristes son neveu qui y deviendra prêtre et Supérieur.

123

Une autre de ses joies était la visite régulière, chaque fois qu'elle venait à Paris, de la chère Sœur Séjole qui l'avait jadis accueillie à Châtillon.

Cette Sœur avait une si haute idée de la sainteté cachée de Catherine que lorsqu'elle sut que la Sainte Vierge était apparue rue du Bac à une jeune Sœur qui faisait son séminaire en 1830, elle déclara après un rapide calcul : « En 1830, alors ce ne peut être qu'à ma Sœur Labouré ! » au grand étonnement de celles qui l'entendirent et qui ne purent s'empêcher de dire : « une Sœur si ordinaire ! »

124

Sœur Séjole et Sœur Catherine se retrouvaient avec bonheur, se comprenaient sans rien se dire, aimaient remuer les vieux souvenirs de Châtillon, lorsque ensemble elles allaient voir les malades.

Et la bonne vieille Sœur, qui seule avait su lire dans les magnifiques yeux bleus de sa chère fille, la vénérait de plus en plus, sûre que c'était à elle que la Sainte Vierge avait apporté son message.

Rentrée à sa Communauté, elle disait :

125

« Écoutez-moi bien, mes Sœurs, un jour viendra où l'on parlera de Sœur Labouré. Je serai morte, mais vous, vous vivrez encore et vous serez heureuses d'avoir pu vous entretenir avec cette privilégiée de la Sainte Vierge. » Aussi les envoyait-elle à l'Asile visiter Sœur Catherine lorsqu'elles venaient à Paris.

Les années coulent, et 1858 amène les apparitions de Notre-Dame à Bernadette, dans la grotte de Massabielle.

On se doute du retentissement qu'eut cette nouvelle dans le cœur de Catherine !

126

Elle sortait de son cher silence lorsqu'on en parlait en Communauté, et l'on remarqua avec quelle clarté et quelle ardeur elle s'en entretenait.

Lorsque, pour conclure ses visites, la Sainte Vierge dit enfin à Bernadette : « Je suis l'Immaculée Conception », cela fut pour Catherine une confirmation de ses propres apparitions. Elle déclara plus tard à ce sujet : « Vous voyez donc bien que c'était la nôtre. » Et elle se réjouit de ce nouveau message de la Mère de Dieu.

127

En 1860, une nouvelle Supérieure arriva à Reuilly, qui fut pour la chère sainte l'occasion de nouveaux mérites. Cette Supérieure a avoué elle-même qu'elle « se sentait poussée » à être sévère à l'égard de Sœur Labouré.

Elle alla jusqu'à être injuste — peut-être sans le savoir ! — lui reprochant des choses qu'elle n'avait pas commises, l'humiliant fréquemment à propos de petits riens.

Et cela va durer 16 ans, c'est-à-dire jusqu'à la mort de Sœur Catherine !

128

Sœur Dufès, la Supérieure, se reposera pourtant sur elle de toute la maison des vieillards, mais jamais elle ne lui donnera le titre d'Assistante.

Au contraire, elle nommera un jour à ce poste une jeune Sœur, et Sœur Labouré, avec son calme sourire, devra désormais remettre les clefs de son Asile et rendre compte de son administration à cette jeune Sœur. Elle lui laissera aussi, au réfectoire, la place qu'elle occupait à droite de la Supérieure en qualité de doyenne.

129

Parfois, on chuchote ici ou là : « Ne serait-ce pas Sœur Catherine qui a vu la Sainte Vierge ? » Malgré son effacement, on a remarqué son air extatique devant le Saint Sacrement, et aussi avec quelle ferveur elle priait Marie.

Des Enfants de Marie dont elle s'occupe ont été frappées de la manière dont elle parle de la Sainte Vierge.

Un jour, une jeune Sœur reçoit en visite toute une famille, quand passe au jardin Sœur Labouré. « C'est la Sœur des Apparitions de 1830 », dit tout bas la jeune religieuse.

130

Un Monsieur se précipite : « Oh ! ma Sœur, que je suis heureux de saluer la Sœur qui a eu la grande faveur de voir la Vierge de la médaille... » ; il s'arrête net : Catherine Labouré le regarde d'un air si étonné que le Monsieur n'y comprend plus rien et balbutie des excuses.

Quand la jeune Sœur, le soir, viendra demander pardon à Sœur Catherine, celle-ci lui dira seulement avec fermeté : « Ma petite, il ne faut pas parler comme ça à tort et à travers. »

131

Et voilà l'année 1865, qui va amener la mort du bon M. Aladel. On peut penser que ce fut une grande peine pour Catherine. Elle n'en laissa cependant rien voir. Et même, aux obsèques, elle montra un visage particulièrement radieux. Sans doute la Sainte Vierge lui fit-elle voir un peu la récompense qu'elle accordait à son bon serviteur, celui qui avec beaucoup de dévouement s'était, depuis 1830, appliqué à réaliser ses désirs.

Il n'empêche que la chère Sœur voit partir le confident de son âme avant que tout n'ait été accompli.

132

L'autel de la Vierge au globe n'est toujours pas édifié. Et la pauvre Catherine devra recommencer ses instances auprès d'un nouveau confesseur.

A quelque temps de là, elle est un jour convoquée rue du Bac par la Mère Générale.

– « Ma Sœur Labouré, que diriez-vous si je vous nommais Supérieure de telle maison...

Catherine sursaute :

– Moi ? Oh, ma Mère ! Mais vous savez bien que je n'en suis pas capable !

133

Vous croyez, ma Sœur ?
— Vous n'avez qu'à demander à n'importe qui ! »

La Supérieure Générale hésite, regarde au fond de ces yeux bleus si limpides, y voit la sincérité totale de l'humble Sœur... et la laisse repartir à ses vieillards et à sa basse-cour.

Elle va avoir bientôt l'occasion de montrer à nouveau la force de son caractère.

En effet, après les tristes journées de 1830 annoncées par Notre-Dame, après celles de 1848 où Mgr Affre, l'Archevêque de Paris, fut tué sur une barricade, c'est maintenant la guerre.

134

La guerre de 1870 et le siège de Paris. Le couvent de Reuilly a été transformé en ambulance. Des centaines de blessés et de malades y sont soignés. Il faut se multiplier pour faire face à tout. Et le ravitaillement diminue ; le pain est tout noir et rationné ; on mange bientôt les chiens, les chats, même les rats.

Puis, c'est la triste guerre civile : la Commune, qui fut proclamée fin mars 1871. Des barricades se dressent. Des bandes armées commencent à visiter les Communautés religieuses.

135

On est ce soir-là en récréation, lorsque Sœur Catherine prend la parole, à l'étonnement général. Elle raconte un rêve au cours duquel la Sainte Vierge venait demander la Supérieure, et ne la trouvant pas prenait sa place à son bureau et disait à Catherine : « Puisque Sœur Dufès n'est pas là, dites-lui qu'elle peut partir tranquille. Je prends possession de sa maison et je la garderai. Elle ira dans le Midi avec Sœur Claire et reviendra le 31 mai. »

La Communauté, bien que surprise, se sentit un peu rassurée.

136

Les jours suivants, les insurgés occupèrent tout le rez-de-chaussée, reléguant les Sœurs au premier étage. Une bande vint à un moment demander deux gendarmes blessés. Pour les exécuter.

– Jamais ! leur répond Sœur Dufès.

Un Communard lève son sabre sur la Supérieure :

– Ne me touchez pas, commande-t-elle d'une voix si ferme que l'homme est dompté.

Et l'on peut ainsi sauver les deux malheureux blessés. Mais on prétend arrêter la Supérieure.

137

Toutes les religieuses, comme un seul homme, se rangent aussitôt derrière elle. Embarrassés, les Communards renoncent à leur projet, mais promettent de revenir le lendemain.

On vivait donc dans l'angoisse. Mais Sœur Catherine, redisant en son cœur les paroles de la Sainte Vierge : « Le moment viendra où le danger sera grand. On croira tout perdu. Là, je serai avec vous. Ayez confiance. Vous reconnaîtrez ma visite et la protection de Dieu... », s'efforçait, par son attitude et ses encouragements, de rassurer tout le monde.

138

Elle servait d'intermédiaire entre les insurgés et les Religieuses, savait parler à ces hommes déchaînés, leur en imposait et apaisait les conflits. Ils venaient finalement, l'un après l'autre, lui demander la médaille miraculeuse !

Pourtant son rêve s'était réalisé. Sœur Dufès, pour éviter la prison, s'échappa de Reuilly et s'en alla dans le Midi avec Sœur Claire.

« La Sainte Vierge est notre Supérieure », répète alors calmement à toutes ses Sœurs inquiètes Sœur Catherine. Et elle demeure sereine au milieu de la tourmente.

139

Mais les esprits s'aigrissent. Le 29 avril, le tribunal des Fédérés interroge Sœur Catherine, toujours à propos des gendarmes évadés. Il n'en peut rien tirer. Le soir même, les Communards du rez-de-chaussée mènent grand tapage au couvent. Ils ont bu et veulent monter à l'étage où toutes les Sœurs, entourant le Saint Sacrement qu'elles ont apporté là, sont en prière.

Devant le danger, elles se communient elles-mêmes comme faisaient les premiers chrétiens. Un pas lourd monte l'escalier. C'est le chef de la bande. Il cogne brutalement à la porte. On ouvre.

140

L'homme est tellement frappé par le spectacle de toutes ces Religieuses recueillies qu'il renonce à leur chercher querelle, et va jusqu'à se coucher au travers de la porte en déclarant que celui qui voudrait leur nuire aura affaire à lui.

Notre-Dame est bien là, invisiblement présente, qui protège ses filles.

Le lendemain pourtant, on juge préférable de partir par petits groupes. Sœur Catherine quitte la maison une des dernières, non sans avoir été saluer d'un dernier Ave la Vierge du jardin.

141

Elle lui enlève sa couronne, qu'elle cache dans le petit paquet qui contient ses affaires, et lui demande la grâce d'être revenue pour la clôture de son mois, le 31 mai.

La voilà réfugiée à Ballainvilliers, où elle apprend bientôt qu'on a saccagé Notre-Dame des Victoires : « Ils ont touché à Notre-Dame des Victoires, ils n'en ont plus pour longtemps », déclare-t-elle.

A Reuilly, les Communards ont essayé, sans y réussir, de déboulonner la statue de Marie Immaculée à la chapelle. Ils l'ont alors frappée à coups de barres de fer.

142

Mais le 21 mai, les troupes versaillaises pénétraient dans Paris. Le 30, la Sœur Dufès arrivait de Toulouse et s'en allait aussitôt chercher Sœur Catherine à Ballainvilliers.

Le 31, celle-ci replaçait la couronne sur la tête de la Sainte Vierge du jardin en murmurant doucement : « Je vous l'avais bien dit, ma bonne Mère, que je reviendrais vous couronner le 31 mai ! »

Et la vie recommence comme auparavant, avec seulement un peu plus de fatigue et de douleurs pour notre Sainte.

143

En 1872, arrive à l'Hospice, dans des circonstances assez particulières, une jeune fille qui croit avoir la vocation religieuse mais ne sait encore où entrer.

Etant la veille en prière devant Notre-Dame de Fourvière à Lyon, elle a cru comprendre qu'elle devait aller d'abord à Paris. Elle vient de descendre du train, ne sachant trop où aller. Enfin elle arrive sans le savoir devant l'Hospice. Il est à peine 5 heures du matin. Sœur Catherine la voit de la fenêtre, va lui ouvrir sans même attendre qu'elle sonne, la réconforte et lui fait un bon chocolat.

144

Puis elle écoute son histoire et semble tout comprendre. Elle l'envoie à Sœur Dufès et intervient pour qu'on la garde un moment, au moins comme Aspirante.

Cette jeune fille, Mademoiselle Marie Lafon, fut confiée à Sœur Catherine devenue vieille. Elle eut là une des plus douces joies de la fin de sa vie.

Se souvenant comme elle-même avait été bien accueillie par la Sœur Séjole, elle l'entoura de beaucoup d'affection et de délicatesse.

145

Sœur Lafon racontait plus tard à qui voulait l'entendre que c'était à la chère Sœur Labouré qu'elle devait d'être Fille de la Charité.

Mais Catherine touchait bientôt à la fin de sa vie terrestre.

Au début de l'année 1874, elle fut appelée auprès de Tonine qui se mourait. Pendant une heure de tête-à-tête, elle prépara sa chère cadette à ce grand passage. Marie-Antoinette eut une mort calme et douce qui consola un peu ses enfants.

146

Quand sa protégée, « la petite » comme elle l'appelait avec tendresse, fut partie pour le Séminaire, Sœur Catherine se sentit tout à fait vieille dans son pauvre corps usé par le travail. Elle souffrait beaucoup d'arthrite et de sciatique.

Depuis quelque temps, il a fallu lui retirer la charge de l'Hospice des vieillards, devenue trop lourde pour elle.

Elle a dû avoir beaucoup de chagrin en quittant ses bons vieux, qu'elle a aimés et servis jusqu'à l'épuisement de ses forces.

147

Elle est maintenant elle-même « une bonne Sœur ancienne » à qui l'on a confié le soin de la porterie.

Toute la journée elle est là, offrant son visage paisible et ses grands yeux lumineux à tous ceux qui vont et viennent.

Elle fait elle-même le ménage de sa petite « loge » et l'on remarque vite que tout y brille de propreté. Sur elle, c'est de même. Ses vêtements cent fois reprisés n'ont pas un faux pli, pas une tache. Certaines Sœurs, devinant un peu, se rapprochent d'elle.

148

Plusieurs aiment venir dire leur chapelet avec la Sœur portière. Elle a une façon à elle, quoique toute simple, de réciter la prière tant aimée de Notre-Dame. Quelque chose qu'on ne comprend pas bien la transfigure. Oui vraiment, le chapelet dit par Sœur Catherine n'est pas un chapelet comme les autres.

Sa voisine, la Sœur de la pharmacie, apprécie énormément Catherine et, se doutant de plus en plus qu'elle est la Privilégiée de la Sainte Vierge, essaye de le lui faire dire.

149

Peine perdue : toute vieille qu'elle est, Sœur Labouré s'en tire toujours par un bon mot et la curieuse en est pour ses frais.

Voici l'année 1876 qui commence, et Sœur Catherine a eu ce mot : « C'est la dernière fois que je vois un premier janvier. »

Le tourment qu'elle porte en elle depuis tant d'années, ce tourment de n'avoir pu faire réaliser l'autel de la Vierge au globe, grandit en elle à mesure qu'elle sent approcher la fin de sa vie.

150

Il faut qu'elle en parle au confesseur qui a remplacé M. Aladel et qui la connaît déjà bien. Mais juste à ce moment, ce prêtre est appelé à un autre poste. Il ne s'occupera plus des Sœurs. Ce fut un coup terrible pour Sœur Catherine. Un peu désemparée, elle s'en va trouver le Supérieur Général des Lazaristes pour obtenir de garder ce confesseur.

Le Supérieur Général ne sait rien de Sœur Catherine. Il ne voit en cette démarche qu'un caprice de personne âgée. Il refuse donc, ne voyant aucune raison d'accorder cette faveur.

151

Sœur Labouré se retire à bout de forces et rentre à Reuilly. Elle, si vaillante toujours, tombe en larmes dans les bras de Sœur Dufès bouleversée de la voir en cet état.

Quand elle s'est reprise, la chère vieille Sœur déclare à sa Supérieure : « Ma Sœur, désormais je ne vivrai plus longtemps. Je crois que le moment est venu de parler. Mais comme la Sainte Vierge m'a dit de ne parler qu'à mon confesseur, je ne vous dirai rien avant de le lui avoir demandé dans mon oraison. Si elle me dit que je dois vous parler, je le ferai. Sinon, je ne dirai rien. »

152

Cette déclaration déchire d'un coup la carapace de froideur dont s'entourait la Supérieure à l'égard de Sœur Labouré. Elle est profondément émue, se doutant qu'elle va apprendre de grandes choses. Elle ne dort pas de la nuit, anxieuse de savoir si la Sainte Vierge autorisera sa Privilégiée à la prendre comme confidente de son message.

Le matin arrive. Sœur Dufès attend, vibrante d'émotion. Enfin Sœur Catherine lui fait demander de vouloir bien venir au parloir à dix heures.

153

Et voici l'une devant l'autre les deux Sœurs, la Supérieure, et celle, si menue, si humble, qui a vu la Sainte Vierge.

Sœur Catherine raconte tout, depuis la première visite en pleine nuit, conduite par ce petit enfant, jusqu'aux apparitions de la médaille et de la Vierge au globe. Elle insiste sur la demande de la Sainte Vierge concernant cette dernière statue non encore réalisée.

Et l'Angelus de midi les trouve ainsi encore debout l'une en face de l'autre.

154

Sœur Catherine s'exprime avec une clarté, une facilité qui stupéfient Sœur Dufès. La Supérieure a bien envie de tomber à genoux. Elle est maintenant convaincue, et tellement émue d'avoir à achever la réalisation des demandes de la Sainte Vierge. Elle réussit à obtenir des Supérieurs l'érection d'une statue de la Vierge au globe. Lorsqu'elle verra cette statue, Sœur Catherine dira comme Bernadette en faisant une moue désappointée : « La Sainte Vierge était bien plus belle que ça ! »

155

Pourtant elle s'apaise maintenant ; son grand tourment s'éteint, puisque la cause de Notre-Dame est reprise en mains. Il lui faut répondre à des interrogatoires, écrire de sa main un compte rendu détaillé des Apparitions. Pour quelques-uns Notre-Dame a soulevé le voile qui cachait aux yeux de tous sa Privilégiée.

Elle attend, la chère Sœur, la dernière visite de sa bonne Mère, qui viendra la chercher pour la conduire au Ciel.

156

En novembre de cette année 1876, elle alla encore rue du Bac pour sa retraite. On voulut mettre un coussin sur le banc où elle s'agenouillait ; mais elle refusa d'un sourire, voulant jusqu'au bout faire comme tout le monde.

Elle s'alita bientôt et répéta qu'elle ne verrait pas l'année suivante. Pourtant les jours passaient. Le 30 décembre, une de ses Sœurs lui demande « un mot de la Sainte Vierge ». La sainte recommande de dire mieux le chapelet et de faire honorer l'Immaculée Conception.

157

Elle rappelle la promesse faite par la Mère de Dieu d'accorder des grâces particulières dans la chapelle où elle est apparue, rue du Bac.

Le matin du 31 décembre se lève. C'est le dernier jour terrestre de Catherine. Elle est si faible qu'on lui donne les derniers sacrements. Mais après les avoir reçus, elle se lève encore et va à son fauteuil, préparant des petits paquets de médailles pour faire plaisir aux unes et aux autres.

Elle renouvelle devant toute la Communauté ses vœux de Fille de la Charité.

158

Le soir descend peu à peu. Sœur Labouré a déjà eu plusieurs syncopes. A partir de 6 heures, toute la Communauté l'entoura, récitant les prières des agonisants auxquelles elle s'unissait de son mieux.

Enfin, vers 7 heures, elle parut s'assoupir. Et bientôt, l'on se rendit compte que doucement, sans bruit, comme elle avait vécu, Sœur Catherine était morte, emmenée sans doute vers le Père des Cieux par Celle-là même qui, plusieurs fois sur la terre, était venue la visiter.

159

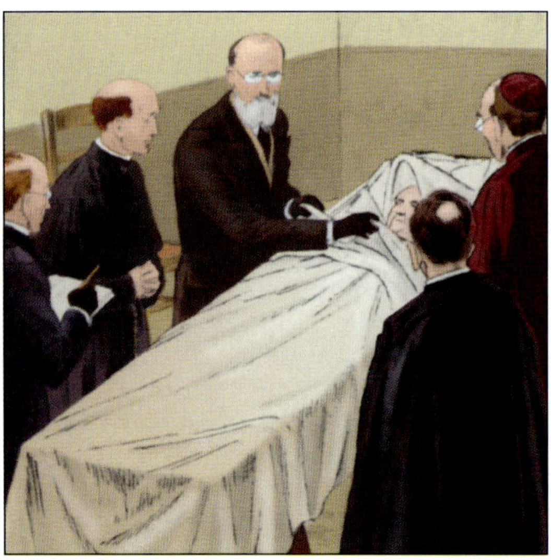

Elle avait dit qu'elle n'aurait pas besoin de corbillard. En effet, les Sœurs de Reuilly, qui désiraient garder son corps, en obtinrent l'autorisation. Et on la déposa dans un petit caveau qui se trouvait sous la chapelle. C'était le 3 janvier 1877.

Lorsque, 56 ans plus tard, le Cardinal Verdier fit ouvrir ce caveau pour faire ce qu'on appelle la « reconnaissance des reliques » de celle qui allait être béatifiée, on trouva son corps tel qu'il y avait été déposé. Dieu avait permis ce miracle.

160

Le docteur qui souleva les paupières restées souples (après 56 ans de tombeau !) connut une émotion intense en découvrant ces magnifiques yeux bleus qui semblaient vivre encore. Ces yeux qui avaient vu la Sainte Vierge !

Le corps de sainte Catherine Labouré fut alors amené rue du Bac, où on peut le voir enchâssé sous l'autel de la Vierge au globe, cet autel pour la réalisation duquel la confidente de l'Immaculée a tant souffert !

161

Pour elle maintenant, c'est la gloire. Après la béatification de 1933, elle est canonisée en 1947. Le pape Pie XII déclare à toute l'Eglise : « ... Nous décrétons et définissons Sainte, la Bienheureuse Catherine Labouré... » et la foule innombrable entonne le Te Deum.

Dès après sa mort, en effet, l'humble Sœur a manifesté la puissance que Dieu lui accordait au Ciel. Les miracles ont éclaté. Et c'est d'abord, à Reuilly même, un garçon de 10 ans paralysé dont les jambes redeviennent vivantes aussitôt qu'elles touchent le tombeau de la sainte.

162

En 1915, un matin, le feu prit soudain dans les grands magasins du Bon Marché, et juste dans la partie qui touche la Maison-Mère des Filles de la Charité, rue du Bac.

Ce fut un terrible incendie qu'on n'arrivait pas à maîtriser. On faisait évacuer les maisons avoisinantes ; tout le monde tremblait pour la chapelle et le Couvent des Sœurs.

Celles-ci, sûres de la protection de Marie Immaculée, se tenaient en prière et gardaient leur calme.

163

Le gigantesque brasier, au lieu d'atteindre le vieux clocher de bois comme c'eût été normal, se replia sur lui-même ; et tandis que l'énorme magasin s'effondrait dans un bruit de tonnerre, la maison où la Vierge Immaculée était venue restait debout, intacte.

Dans l'allée qui mène à la chapelle, contre le mur du magasin refait, on a gravé dans la pierre le souvenir de cette protection miraculeuse de Notre-Dame.

164

Dès les premiers temps, la médaille fit partout des merveilles. Et depuis, les miracles n'ont jamais cessé.

Grâces de tous ordres d'ailleurs. Ces deux petits jumeaux par exemple. Nés trop tôt, ils ont à peine de vie. La petite fille surtout peut à peine respirer. Vite, on appelle Monsieur le Curé pour le baptême. On met aux deux bébés la médaille. Et voilà que, dans la nuit, Marie-Reine reprend vie, respire normalement. La Vierge Immaculée l'a gardée à son heureuse maman.

165

Dans cette petite maison de la banlieue parisienne, Violette va mourir. Elle a vingt-deux ans et ses parents ont bien du chagrin. Ce sont de pauvres gens qui ne connaissent pas le Bon Dieu.

Une Sœur vient faire des piqûres à Violette, lui parle de Jésus. La jeune fille ne veut rien entendre. Alors, Sœur Louise lui demande d'accepter seulement une médaille, et de l'embrasser de temps en temps.

– Oh ! ça, je veux bien, dit la malade...

Le lendemain, Sœur Louise revient pour la piqûre.

166

Ma Sœur, lui crie Violette, vite... Je vous attendais ! Vite, le baptême ! Je ne comprends pas... C'est cette petite médaille... Toute la nuit, la Mère de Jésus m'a parlé du baptême...

Il faut faire vite en effet, car Violette n'en a plus pour longtemps. Après quelques jours d'instruction religieuse, elle reçoit le baptême et meurt joyeusement, allant retrouver cette « Mère de Dieu » qui lui a si miraculeusement ouvert le Ciel.

167

C'est en septembre 1942. Deux petits gars de l'Orphelinat Notre-Dame des Flots de Boisguillaume (banlieue de Rouen) poussent joyeusement leur charrette sur la route. Ils remontent les provisions et vont quitter la ville lorsqu'un terrible bombardement s'abat sur Rouen. Autour d'eux, tout s'écroule, les projectiles volent en l'air.

Ils se sont précipités dans un couloir de maison qui s'ouvrait là, et ne voient partout que du feu. « On ne savait plus où on était », ont-ils dit ensuite.

168

C'est fini. Ils sortent de leur abri, couverts de décombres... pour constater avec stupéfaction que toute la maison est tombée ; seul le plafond du couloir est resté au-dessus de leur tête, les protégeant d'une mort certaine.

Ils retrouvent même leur carriole et reprennent la route, non sans avoir, de tout leur cœur, embrassé la médaille miraculeuse qu'ils portent à leur cou.

On peut imaginer les cris de joie de tous et l'émotion de la Sœur en les voyant rentrer sans une égratignure !

169

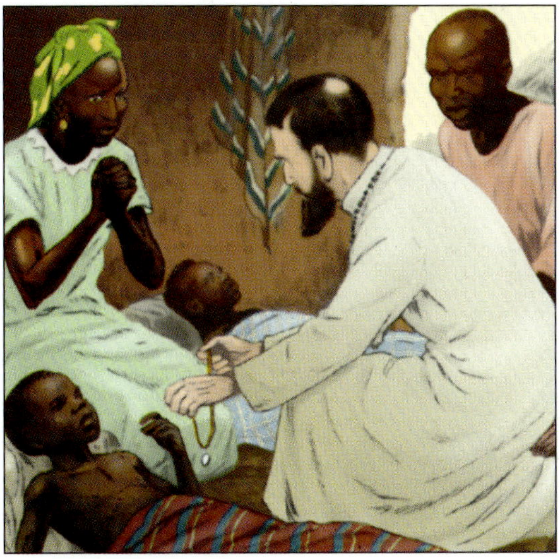

La protection de Notre-Dame s'étend aux plus lointains pays.

Un missionnaire du Congo belge trouve un jour, dans un village, beaucoup d'enfants malades. Ils ont les pieds enflés. On suppose qu'ils ont été piqués pendant la nuit par de petits serpents.

Le Père n'a pas sur lui de remède contre le venin. L'idée lui vient de mettre au cou de tous les malades la médaille miraculeuse. Rapidement la fièvre baisse, l'enflure disparaît. Tous les enfants guérissent et l'on ne revit jamais de serpents venimeux dans ce village.

170

La prière de Notre-Dame est toute puissante. Elle peut guérir, convertir, écarter les bombes, préserver de tout danger.

Mais souvenons-nous d'un détail de l'Apparition de la Vierge aux rayons : les pierreries qui ne brillaient pas, c'était le symbole des grâces qu'on oublie de lui demander.

Pour obtenir, il faut demander. Elle veut qu'on la prie.

A cette condition elle donnera ses grâces.

171

Elle veut aussi qu'on porte la médaille, qu'on la porte à son cou, comme elle l'a demandé. On peut bien faire cela pour lui faire plaisir !

Et si on le peut, il faut aussi aller la prier rue du Bac, dans cette chapelle où elle est venue, près de cet autel où elle a dit que des grâces seraient répandues sur tout le monde.

Là, devant ses mains ouvertes d'où tombent les bienfaits, devant aussi cette statue où elle tient le globe de la terre dans ses mains, il faut lui demander beaucoup.

172

Lorsque le pape Jean-Paul II est venu à Paris en 1980, il n'a pas manqué, le 31 mai, de se rendre « en pèlerin » à la chapelle de la rue du Bac. Il a récité à haute voix, devant les religieuses venues de partout, le « Je vous salue, Marie », et l'invocation « O Marie conçue sans péché... ». Il s'est adressé à la Vierge pour la remercier de toutes les grâces qu'elle obtient de Dieu pour les hommes, « à la condition, a-t-il rappelé, que nous osions te les demander... avec la confiance, la hardiesse, la simplicité d'un enfant ». Alors, à nous de prier comme le pape nous enseigne à le faire !

Achevé d'imprimer en février 2003
par Proyectos Gasmath, S.L. Espagne
N° éditeur: 02107